Celebrations

Holidays of the United States of America and Mexico

Nancy María Grande Tabor

Celebraciones

Días feriados de los Estados Unidos y México

ini Charlesbridge

All days are special.

Every day an important event happens.
We choose the days we want to make
even more special, and we celebrate
those days in many ways.

Cada día ocurre algo importante.
Elegimos los días que queremos
que sean más especiales y los
celebramos de diferentes maneras.

Even though we may have different locations, climates, customs, and languages, we have similarities in our celebrations. Celebrations bring us together and keep us together in their own special way.

Aunque vivamos en lugares diferentes, con clima, costumbres e idiomas distintos, tenemos formas parecidas de festejar. Las celebraciones nos unen y nos mantienen juntos de una manera especial.

Todos los días son especiales.

Together we observe time and seasons.

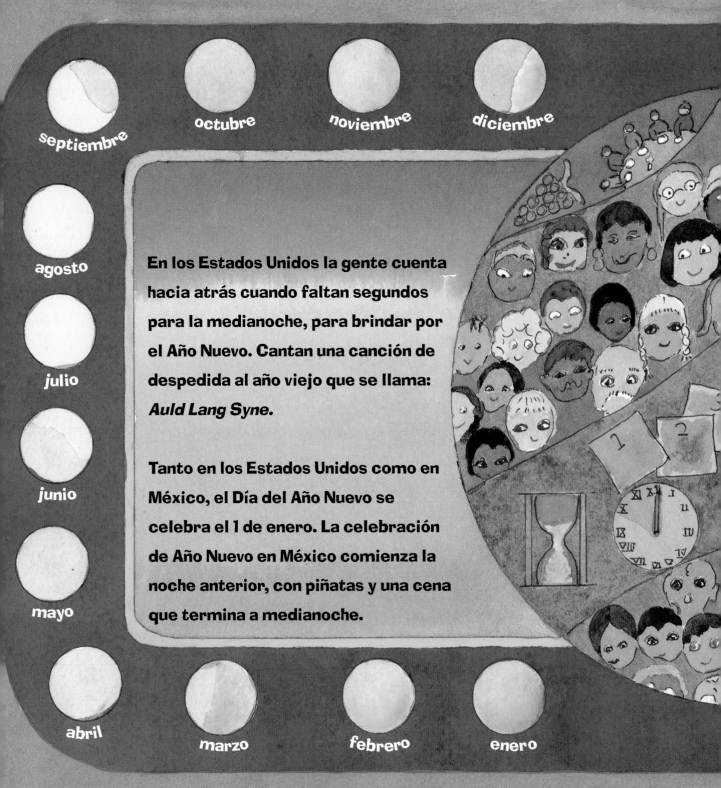

septiembre

octubre

noviembre

diciembre

agosto

julio

junio

mayo

En los Estados Unidos la gente cuenta hacia atrás cuando faltan segundos para la medianoche, para brindar por el Año Nuevo. Cantan una canción de despedida al año viejo que se llama: *Auld Lang Syne.*

Tanto en los Estados Unidos como en México, el Día del Año Nuevo se celebra el 1 de enero. La celebración de Año Nuevo en México comienza la noche anterior, con piñatas y una cena que termina a medianoche.

abril

marzo

febrero

enero

Juntos observamos el tiempo y las estaciones.

One by one, we count the minutes, the days, and the years.

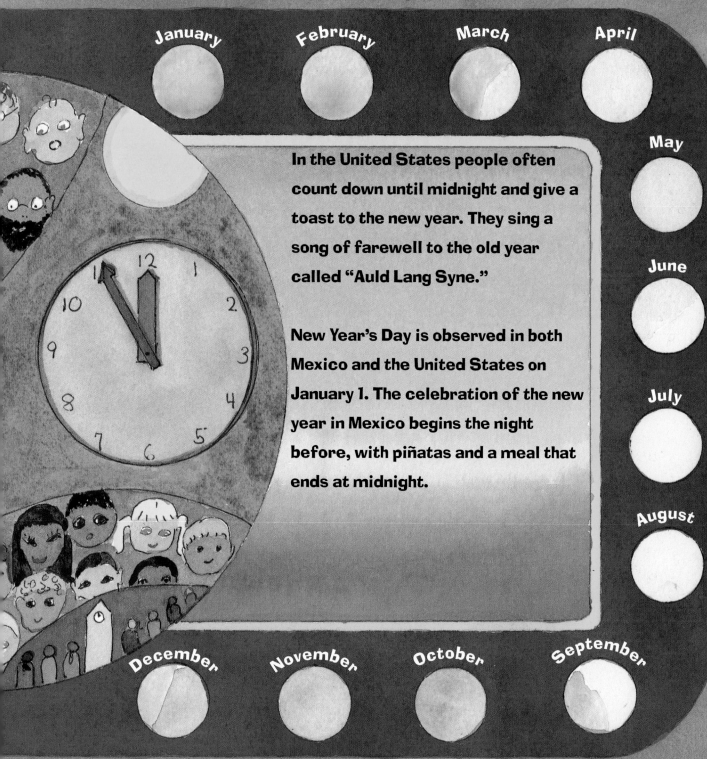

January

February

March

April

May

June

July

August

September

October

November

December

In the United States people often count down until midnight and give a toast to the new year. They sing a song of farewell to the old year called "Auld Lang Syne."

New Year's Day is observed in both Mexico and the United States on January 1. The celebration of the new year in Mexico begins the night before, with piñatas and a meal that ends at midnight.

Uno por uno, contamos los minutos, los días y los años.

From one to another, we send greetings of love and friendship.

Both countries celebrate St. Valentine's Day on February 14 with cupids and hearts. This holiday most likely originated in ancient Rome.

Los dos países celebran el Día de San Valentín, el 14 de febrero, con cupidos y corazones. Es probable que este día festivo se haya originado en la antigua Roma.

De uno al otro, mandamos saludos de amor y amistad.

Side by side we honor our leaders.

Both countries celebrate the birthdays of presidents. Benito Juárez is often called the Abraham Lincoln of Mexico. They are both remembered not only for their actions and words, but also because they give us all hope. No matter how humble our beginnings, we can achieve greatness.

March 21

Benito Juárez

February 12

Abraham Lincoln

Ambos países celebran los cumpleaños de sus presidentes. Benito Juárez es frecuentemente llamado el "Abraham Lincoln de México". A los dos se les recuerda no sólo por sus acciones y sus palabras, sino también porque nos dan esperanza: no importa lo humilde que sea nuestro origen, podemos alcanzar la grandeza.

Uno al lado del otro, honramos a nuestros líderes.

Parading together, we rejoice

Easter is often celebrated in Mexico with parades in which people carry a statue of Christ on the cross. Some people break eggshells filled with confetti on each other's heads.

La Pascua de Resurrección es frecuentemente celebrada en México con un desfile donde la gente lleva la estatua de Cristo en la cruz. Algunas personas rompen cascarones llenos de confeti en las cabezas de otras.

Con un desfile, nos alegramos por

in the new life that spring brings.

In the United States many Christian churches celebrate this day. People celebrate the season by searching for painted Easter eggs or by sharing baskets of candy that the Easter Bunny delivers. In many U.S. cities there are Easter parades.

En los Estados Unidos hay muchas iglesias cristianas que celebran este día. La gente festeja esta ocasión buscando los huevos coloridos de Pascua o compartiendo canastas con los dulces que reparte el conejito de Pascua. En muchas ciudades de los Estados Unidos hay desfiles este día.

la vida nueva que trae la primavera.

We celebrate by sharing who we are—

Cinco de Mayo, the 5th of May, is remembered in Mexico for a battle won against great odds. Cinco de Mayo is celebrated in the United States as a day for Mexican Americans to have pride in acknowledging who they are and what they represent. More and more, it is a day in which the United States acknowledges the beauty and influence of its neighbor to the south.

El Cinco de Mayo es recordado en México por una batalla que se ganó a pesar de muchos obstáculos. El Cinco de Mayo se celebra en los Estados Unidos como reconocimiento del orgullo de los méxico-americanos, por ser quiénes son y por lo que representan. Cada vez más, en este día, los Estados Unidos reconoce la belleza e influencia de su vecino del sur.

Celebramos compartiendo quienes somos:

our individuality and our diversity.

nuestra individualidad y diversidad.

We honor our mothers, the givers of life.

In Mexico Mother's Day is celebrated on May 10. Mothers may be awakened by a serenade. In the United States Mother's Day is celebrated on the second Sunday of May. Mothers may be surprised by their children making a meal for them. In both countries, children make special cards for their mothers at school.

En México, el Día de las Madres se celebra el 10 de mayo. Hay quienes despiertan a sus madres con una serenata. En los Estados Unidos, el Día de las Madres se celebra el segundo domingo de mayo. Algunos sorprenden a sus madres haciéndoles una comida especial. En ambos países los niños hacen tarjetas para sus madres en las escuelas.

Honramos a nuestras madres, que nos dan la vida.

Flag Day in Mexico is February 24. The picture on the Mexican flag, of an eagle on a cactus eating a serpent, recalls a legend about the founding of the capital, Mexico City. The image also symbolizes the spirit overcoming material things.

El Día de la Bandera es el 24 de febrero en México. El símbolo de la bandera, un águila que se come una serpiente sobre un cactus, rememora la leyenda de la fundación de la capital, la Ciudad de México. La imagen también representa el valor de lo espiritual sobre lo material.

we acknowledge the symbols we value and stand by.

Flag Day in the United States is June 14. The 13 stripes on the U.S. flag stand for the original 13 colonies that became the United States. There is a star for each of the 50 states.

El Día de la Bandera es el 14 de junio en los Estados Unidos. Las 13 franjas de la bandera representan las primeras 13 colonias que constituyeron los Estados Unidos. Hay una estrella por cada uno de los 50 estados.

reconocemos los símbolos que valoramos.

Our voices ring out with shouts for freedom and life

Mexico celebrates its independence from Spain on the 16th of September with parades, fireworks, and the shouting of "Viva! Viva! Viva!" which means "Life! Life! Life!"

México celebra su independencia de España el 16 de septiembre con desfiles, fuegos artificiales y gritos de "¡Viva! ¡Viva! ¡Viva!"

Nuestras voces resuenan con gritos de libertad y vida

as we remember how our countries gained their independence.

The United States celebrates its independence from England on the 4th of July, with picnics and a night of colorful fireworks.

Los Estados Unidos celebra su independencia de Inglaterra el 4 de julio, con comidas campestres y una noche de coloridos fuegos artificiales.

al recordar cómo nuestros países obtuvieron la independencia.

We respect our efforts and the work we do.

Labor Day in Mexico is May 1, and in the United States it is the first Monday in September. Both countries value the worker—with good reason. Little could be accomplished without workers!

El Día de los Trabajadores es el 1 de mayo en México, y en los Estados Unidos es el primer lunes de septiembre. Ambos países reconocen y valoran al trabajador—con razón. ¡Qué poco se podría lograr sin trabajadores!

Valoramos nuestros esfuerzos y el trabajo que hacemos.

We acknowledge our heritage and the meeting of cultures.

A day both countries remember each year is October 12, known as **Día de la Raza**, or Day of the Race, in Mexico and Columbus Day in the United States. It is a day to remember how European and American cultures united and created a new way of life. Cultures, customs, traditions, and languages were shared, mixed, or replaced.

Un día que ambos países conmemoran es el 12 de octubre, el **Día de la Raza** en México o el **Día de Colón** en los Estados Unidos. En esta fecha se recuerda cómo las culturas de Europa y de América se unieron y crearon una nueva forma de vida. Las culturas, las costumbres, las tradiciones y los idiomas fueron compartidos, mezclados o reemplazados.

Reconocemos nuestro patrimonio y el encuentro de culturas.

In summer we celebrate all that life stands for. Autumn comes and we hold ceremonies

Halloween se celebra el 31 de octubre en los Estados Unidos. Los niños se disfrazan y van de casa en casa gritando *Trick or Treat* (truco o dulces) con la esperanza de recibir caramelos. Tradicionalmente, los niños se disfrazaban de esqueletos, fantasmas y diablitos para representar el miedo o la muerte. Hoy día, hay toda clase de disfraces.

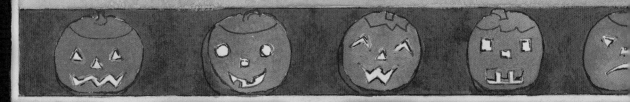

En el verano celebramos todo lo que la vida representa. Con la llegada del otoño se realizan ceremonias

acknowledging the departure of life, as we watch flowers go to seed and leaves fall off the trees.

Halloween is celebrated in the United States on October 31, All Hallows' Eve. Children wear costumes and march from house to house, yelling "Trick or Treat!" in hopes of getting candy. Traditionally children dressed as skeletons, ghosts, and devil figures, to represent fear or death. Costumes today can be almost anything.

que reconocen la despedida de la vida mientras vemos cómo se marchitan las flores y se caen las hojas.

Day of the Dead is celebrated in Mexico on November 1 with All Saints' Day and All Souls' Day on November 2. Bakeries are filled with "bread of the dead" and sugar skulls. Marigolds, called "flowers of the dead," are sold. People often place these flowers, along with other small trinkets and favorite foods of the beloved departed, at the gravesites and on altars.

El Día de los Muertos se celebra en México el 1 de noviembre y el Día de Todos los Santos es el 2 de noviembre. Las panaderías se llenan con "pan de muertos" y calaveras hechas de azúcar. Se venden flores que se llaman "cempasúchil" o "flor de muertos". La gente coloca estas flores, junto a las comidas y los objetos favoritos de sus seres queridos, en las tumbas y en los altares.

Joining together and feasting, we give thanks.

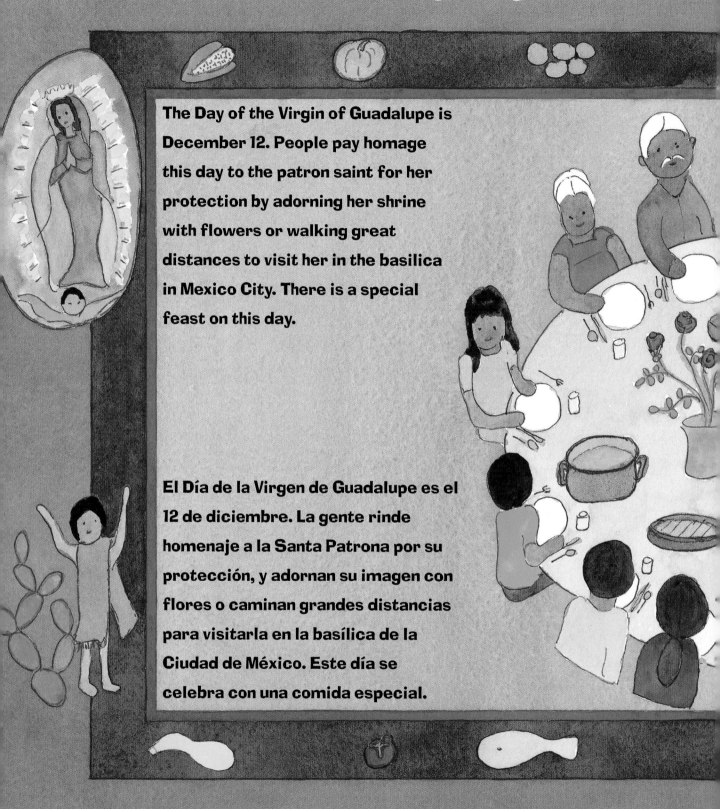

The Day of the Virgin of Guadalupe is December 12. People pay homage this day to the patron saint for her protection by adorning her shrine with flowers or walking great distances to visit her in the basilica in Mexico City. There is a special feast on this day.

El Día de la Virgen de Guadalupe es el 12 de diciembre. La gente rinde homenaje a la Santa Patrona por su protección, y adornan su imagen con flores o caminan grandes distancias para visitarla en la basílica de la Ciudad de México. Este día se celebra con una comida especial.

Thanksgiving takes place on the fourth Thursday of November in remembrance of the hardships faced by the Pilgrims when they first arrived in America and of the sharing of food with the Native Americans. It is celebrated with a big feast.

El Día de Acción de Gracias es el cuarto jueves de noviembre, y conmemora las dificultades que sufrieron los peregrinos al llegar por primera vez a América y cómo compartieron la comida con los nativos americanos. Se celebra con un gran banquete.

Reunidos en un festejo, damos las gracias.

A través de México y en los Estados Unidos, la gente de diferentes religiones celebran fiestas en diciembre. La Navidad es la más común y se celebra el 25 de diciembre. En México se adornan las casas con escenas del Nacimiento. Durante 10 días, hay posadas, o fiestas, donde una de las actividades principales es romper la piñata. El Día de Navidad se intercambian regalos. La noche anterior al 6 de enero, los niños ponen sus zapatos junto a la puerta, con la esperanza de que se los llenen con regalitos.

El invierno se acerca y los días se acortan.
Mientras la oscuridad se extiende, celebramos

our beliefs and hope for a better future, for light to shine in the times to come.

Throughout Mexico and the United States, people of many different religions celebrate holidays in December. Christmas is the most prevalent and is celebrated on December 25. In Mexico houses are decorated with Nativity scenes. There are posadas, or parties, for 10 days, where the breaking of the piñata is an important activity. There is an exchange of presents on Christmas Day. On the evening of January 6, children put out their shoes in hopes that they will be filled with small gifts.

nuestras creencias y la esperanza para un futuro mejor, para que el porvenir sea brillante.

We hold festivals of lights to brighten our spirits.

People in the United States celebrate this time of year in a variety of ways, just as in Mexico. The fronts of houses are decorated with lights, nativity scenes, and images of Santa Claus, his workshop, and reindeer. People put up Christmas trees in their homes and hang stockings for Santa Claus to fill. Families and friends exchange presents on Christmas Eve and Christmas Day.

La gente en los Estados Unidos celebra esta época del año de diversas maneras al igual que en México. Las fachadas de las casas se decoran con lucecitas, escenas del Nacimiento e imágenes de Papá Noel, su taller y los renos. La gente pone árboles de Navidad en las casas y cuelga calcetines para que Papá Noel los llene. Las familias y los amigos intercambian regalos en Nochebuena y en el día de Navidad.

Hacemos festivales con luces para iluminar nuestros espíritus.

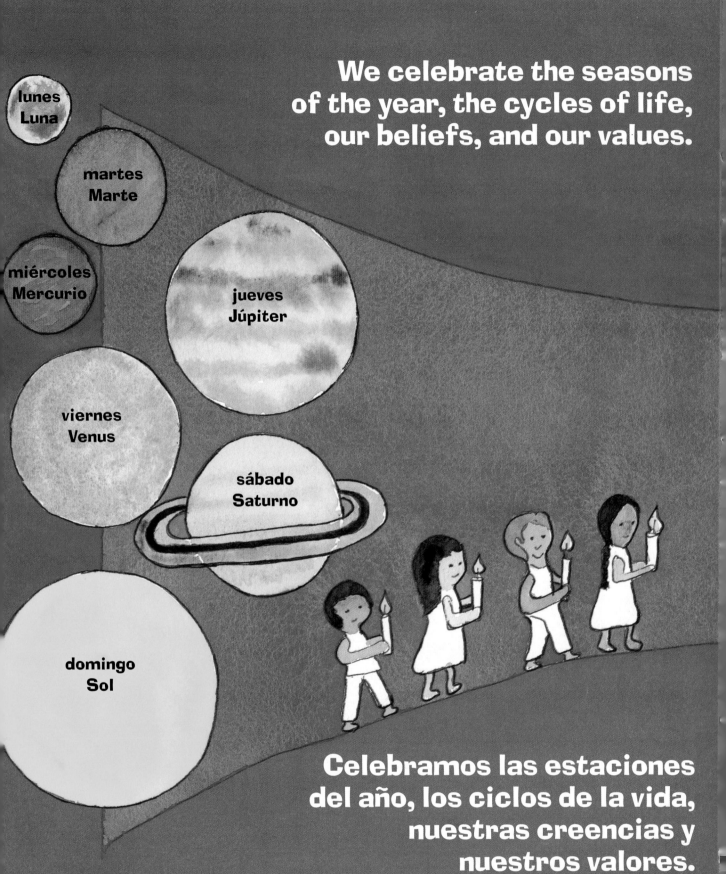

We celebrate the seasons of the year, the cycles of life, our beliefs, and our values.

lunes
Luna

martes
Marte

miércoles
Mercurio

jueves
Júpiter

viernes
Venus

sábado
Saturno

domingo
Sol

Celebramos las estaciones del año, los ciclos de la vida, nuestras creencias y nuestros valores.

Our celebrations may differ and change, yet they bring us together across time and space, customs and place.

Monday
Moon

Sunday
Sun

Tuesday
Mars

Wednesday
Mercury

Thursday
Jupiter

Friday
Venus

Saturday
Saturn

Nuestras celebraciones pueden diferir y cambiar, sin embargo, nos reúnen a través del tiempo y del espacio, de las costumbres y de los lugares.

Thank you to all readers who get inspired to study the celebrations of the world.

Thank you Dominic Barth and Yolanda LeRoy, editors

Thank you Susan Sherman, art director

Thank you Brent Farmer and everyone at Charlesbridge

To my daughter and son-in-law, Sade and Hernán, who make every day a celebration

Text and illustrations copyright © 2004 by Nancy María Grande Tabor

Published by Charlesbridge, 85 Main Street, Watertown, MA 02472 (617) 926-0329 www.charlesbridge.com

Library of Congress Cataloging-in-Publication Data
Tabor, Nancy María Grande.
Celebrations : holidays of the United States of America and Mexico = Celebraciones : días feriados de los Estados Unidos y México / written and illustrated by Nancy María Grande Tabor.
p. cm.
Summary: Describes differences and similarities between holidays in the United States and Mexico, revealing facts about cultural and political history and emphasizing the unity the celebrations can bring.
ISBN 1-57091-575-X (reinforced for library use)
ISBN 1-57091-550-4 (softcover)
1. Festivals—United States—Juvenile literature.
2. Festivals—Mexico—Juvenile literature. 3. United States—Social life and customs—Juvenile literature. 4. Mexico—Social life and customs—Juvenile literature. [1. Festivals—United States. 2. Festivals—Mexico. 3. Holidays. 4. United States—Social life and customs. 5. Mexico—Social life and customs. 6. Spanish language materials—Bilingual.] I. Title: Celebraciones. II. Title.
GT4803 .T33 2003
394.26972—dc21   2002010442
Printed in Korea
(hc) 10 9 8 7 6 5 4 3 2
(sc) 10 9 8 7 6 5 4 3 2 1
Printed and bound by Sung In Printing, South Korea

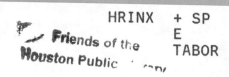